GOLDMANN

W0180380

Hans Kruppa, geboren 1952 in Marl (Westfalen), studierte Anglistik und Sport in Freiburg und lebt seit 1981 als freier Schriftsteller in Bremen. Er hat bisher über 30 Bücher veröffentlicht, darunter eine Reihe von Gedichtbänden und Aphorismensammlungen, aber auch Romane und Märchen, Erzählungen und Kurzgeschichten. Schreiben ist für ihn die zum Beruf gemachte Berufung, „eine Tätigkeit, die mir wie auf den Leib geschrieben ist, ein buchstäbliches Abenteuer, das mich zu immer neuen Ufern der Phantasie lockt".

Von Hans Kruppa außerdem im Goldmann Verlag erschienen:

Die fliegenden Erdbeeren · Roman (9631)
Du lebst in mir · Gedichte (9716)
Ein Abend mit Dir · Roman (9234)
In deiner Nähe · Liebesgedichte (41157)
Kaito · Ein Märchen (41085)
Liebesgedichte (9266)
Lust auf Leben · Gedichte (9713)
Nur für dich · Gedichte (8869)
Nur wer sich liebt · Gedichte (8971)
Schau mal rein · Gedichte (8920)

Hans Kruppa
Das Glück ist immer unterwegs

Gedanken

Mit acht Zeichnungen
von Annette Grüschow

GOLDMANN VERLAG

Umwelthinweis:
Alle bedruckten Materialien
dieses Taschenbuches sind chlorfrei, umwelt-
freundlich und recyclingfähig.

Der Goldmann Verlag
ist ein Unternehmen
der Verlagsgruppe Bertelsmann

Made in Germany · 1. Auflage · 4/93
Taschenbuchausgabe mit freundlicher Genehmigung
des Schneekluth Verlags
Copyright © 1987 by Franz Schneekluth Verlag, München
Zeichnungen im Innenteil © Annette Grüschow
Umschlaggestaltung: Design Team München
Umschlagillustration: Catherine Ducloux
Druck: Presse-Druck Augsburg
Verlagsnummer: 9712
AK · Herstellung: Peter Papenbrok
ISBN 3-442-09712-6

Eine Wohnung
kann man beziehen.
Eine Beziehung
kann man bewohnen.
Aber zu Hause
fühlt man sich
nur in der Liebe.

Wer mehr Glück
als Verstand haben will,
darf seinen Verstand
nicht seinem Glück
in den Weg stellen.

Laß die Hoffnung
siegen über die Angst.
Laß das Vertrauen
siegen über die Ungewißheit.
Und deine Liebe wird
siegen über deine Zweifel.

Das Licht des
Wunderbaren im Alltäglichen
entdeckt man nur
mit offenem Herzen
für jeden neuen Augenblick.

Wenn du das Glück
in deinem Leben
halten willst,
zeig ihm jeden Tag,
wie sehr du es liebst.

Liebe zu einem
anderen Menschen zu entdecken
heißt, sein Schicksal mit
dem des Geliebten zu verbinden –
und dabei vielleicht zu erkennen,
daß es schon immer
damit verbunden war.

Wer es sich in den
Schubladen einrichtet,
in die er gesteckt wird,
hat sich selbst schon
zu den Akten gelegt.

Besser
das Buch
in der Hand
als die Antenne
auf dem Dach.

Das Schweigen ist
die kreativste Sprache.
Immer bringt es etwas hervor,
läßt etwas entstehen
oder läßt bereits Entstandenes
fühlbar werden.
Reden verdeckt so oft
die eigentlichen Zustände,
Schweigen entschleiert sie.
Man spürt,
wie man durch sein Schweigen
der Seele die Möglichkeit gibt,
sich auszudrücken.

Manche reden immer
von ihrer Freiheit
und meinen nur
ihre Angst
vor einer Liebe,
die größer werden könnte
als ihr Egoismus.

Wirklicher Frieden
ist von Natur aus schutzlos.
Geschützter Frieden
ist Angst vor Krieg.

Liebe ist eine
unendliche Entdeckungsreise.
Nur wer
im Kreis gegangen ist,
mag ihre Grenzenlosigkeit
in Zweifel ziehen.

Wer lebendig sein möchte,
muß feinfühlig und verletzlich sein.
Eins bedingt das andere.
Wer hart,
wer unempfindlich ist,
ist seelisch nicht vorhanden
und fristet hinter seinen
Mauern, Zäunen und Panzerungen
ein hohles Leben.

Es ist seltsam,
wie viele innere Tode
manch einer sterben muß,
ehe er weiß,
wozu er geboren ist.

Wer sich lautstark
Gehör zu verschaffen versteht,
beweist damit die
Überlegenheit seiner Stimmbänder,
nicht seiner Einsichten.

Skeptische Blicke
finden überall Mängel.
Nur vertrauensvollen Augen
offenbart das Leben
seine ganze Vollkommenheit.

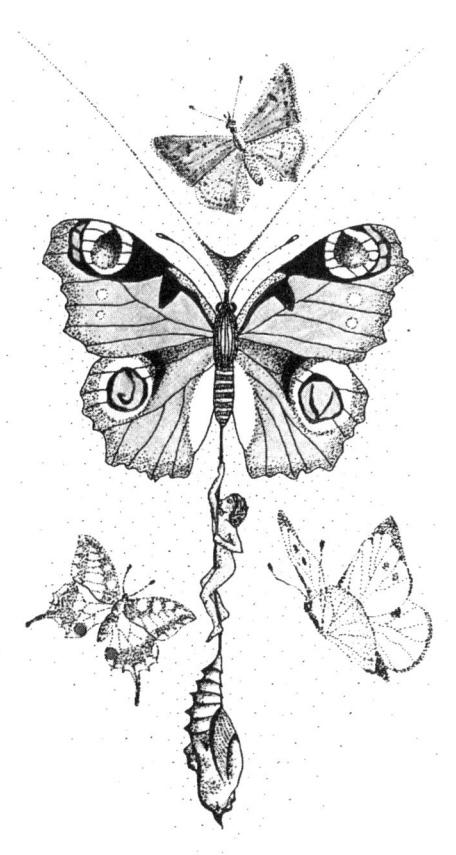

Wenn jemand
aus seiner Seele heraus
auf irgend etwas reagiert,
das ihn tief berührt,
erscheint das seelenlosen Menschen
immer als überspannt.

Wer immer am liebsten
den Weg des geringsten
Widerstands geht,
landet am Ende dort,
wo er sich selber
nicht mehr versteht.

Fühlt man sich unzufrieden
in einer Liebesbeziehung,
sollte man die Schuld daran
nicht beim Partner suchen.
Das gibt ihm nur das Gefühl,
etwas falsch zu machen,
und schadet seinem Selbstbewußtsein
und seiner Unbekümmertheit.
Gerade diese Eigenschaften
braucht die Liebe,
wenn sie hoch hinaus will.

Über die
wirklich wichtigen Dinge
zwischen zwei Menschen
sollte man nicht reden –
sie glücken
oder sie mißlingen.
Zu glauben,
zerbrochene Gefühle
mit Worten kitten zu können,
ist eine Illusion.

Alter ist keine
Frage von Jahren.
Alt geworden ist nur,
wer das Gefühl hat,
seine Jugend
hinter sich zu haben.

Gefühle reagieren
oft allergisch gegen
die Berührung mit Worten.
Es ist viel wichtiger,
sie zu leben,
als sie zu benennen.

In einem
finsteren Bewußtsein
kommt immer dann
ein starker Wind auf,
wenn jemand versucht,
eine Kerze anzuzünden.

Über Probleme in einer
Liebesbeziehung zu reden
ist eine Art, sie zu lösen.
Sie einfach zu ignorieren
ist eine andere Möglichkeit,
denn manche Schwierigkeiten
leben wie Parasiten
von der Aufmerksamkeit,
die sie von uns fordern.
Lösungen zu leben
ist hingegen die einzige Art,
sich Probleme dauerhaft
vom Leib zu halten.

Wer blind ist
auf den Augen der Seele,
wird an den
größten Chancen
seines Lebens vorbeigehen,
ohne mit der
Wimper zu zucken.

Das gute Lebensgefühl,
dessen Besitzes du dich rühmst:
es taugt nicht viel,
wenn du nichts
davon weitergeben kannst.

Manche Menschen kommen
schön auf die Welt.
Doch nur die,
deren Lebensweg
immer tiefer in die Liebe führt,
gehen schön von der Welt.

Wer sich mit anderen
lieber auseinander-
als zusammensetzt,
darf sich nicht wundern,
wenn er früher oder später
sitzengelassen wird.

Manche ziehen es vor
zu zerstören, was ihnen ihre
innere Zerstörung bewußt macht,
anstatt sich zum Wiederaufbau
anregen zu lassen.
Ihre Innenwelt ist ein Trümmerhaufen,
auf dem sie stolz wie ein Hahn stehen
und ihre Trostlosigkeit lautstark
in die Welt hinauskrähen.

Vorstellungen sind oft nur
selbstauferlegte Grenzen
auf dem Weg zu
immer höheren Erfahrungen.

Wenn beim Lesen
die inneren Augen
immer größer werden,
ist es ein gutes Buch.

Nichts Großes
oder Außergewöhnliches
kann entstehen
ohne Optimismus.
Optimismus läßt erst
Dinge geschehen,
die seine Richtigkeit
im nachhinein bestätigen.

Nur wer das
Unmögliche versucht,
hat eine Chance,
das Mögliche zu erreichen.

Jede Liebe,
die sehr stark ist,
lebt gefährlich,
denn sie kann
Kräfte freisetzen,
die zu ihrer
eigenen Zerstörung
führen.

Gute Musik ist die,
die uns vergessen läßt,
daß wir sie hören.

Unsere Träume,
unsere Sehnsüchte
und bunten Hoffnungen
wollen ernst und wichtig
genommen werden.
Wer sie verdrängt,
unterdrückt das Beste
in sich und wird
ein hohler Mensch.

Laß uns nicht
über das Schlechte klagen,
sondern das Gute leben.

Viele suchen nach
der Liebe ihres Lebens
und verlieben sich dabei,
ohne es recht zu merken,
in ihre Suche.
Finden sie dann den Menschen,
nach dem sie Ausschau hielten,
verübeln sie ihm insgeheim,
daß er ihrer Suche
ein Ende setzt.

Wenn du zu lange zögerst,
ins warme Wasser zu springen,
wird es kalt in der
kühlen Luft deiner Bedenken.
Und deine Ängste finden schließlich
ihre Bestätigung durch sich selbst.

Viele Leute neigen dazu,
sich so tief in
Lebensirrtümer zu verstricken,
daß sie, wenn sie sie
schließlich als solche erkennen,
kaum mehr fähig sind,
sich aus ihnen zu befreien.

Du solltest
nicht der Welt
zum Vorwurf machen,
daß sie dich
so schlecht behandelt,
sondern besser dir selber,
daß du der Welt erlaubst,
dich so schlecht
zu behandeln.

Liebe ist gelebter Frieden,
der keinen Kampf erträgt.
Wo gekämpft wird,
wird auch immer
gegen die Liebe gekämpft.

Ist es nicht
die wichtigste Aufgabe
eines Schriftstellers,
mit seinen Büchern
schlafende oder eingeschläferte
Sehnsüchte nach einem besseren,
mit Sinn, Freude und Schönheit
erfüllten Leben zu wecken?

Viele unserer Ängste
sind nichts als
Riegel vor den Türen
zu den Gemächern
des Märchenpalastes
unserer Seele.
Doch kein Riegel
kann auf die Dauer
unserem Verlangen widerstehen,
unsere inneren Wunder
zu entdecken.

Es ist ein
sehr tiefer und schöner
Zustand des Glücks,
wenn wir nicht
mehr denken können,
weil wir so sehr
das Leben genießen,
das in uns fließt.

In der Liebe
werden alle Fragen
zu einer Antwort,
die nur das Schweigen
geben kann.

Echte Liebe ist
durch nichts zu zerstören,
schon gar nicht dadurch,
daß man sie verschwendet.

Die Sehnsucht
ist immer unterwegs.
Ihre Heimat
ist die ständige Reise
ins Unbekannte.

Vertrauen entsteht,
wenn ich spüre,
daß der andere
nicht schlechter mit
mir umgehen kann
als ich selbst.

Zum Glück muß man fähig,
vielleicht sogar geboren sein.
Der Glückliche ist vor allem
ein Künstler des Lebens.
Seine Begabung heißt Glücksfähigkeit,
und die Entwicklungschancen
seines Talents wachsen
mit dem Niveau
seiner Lebensintelligenz.

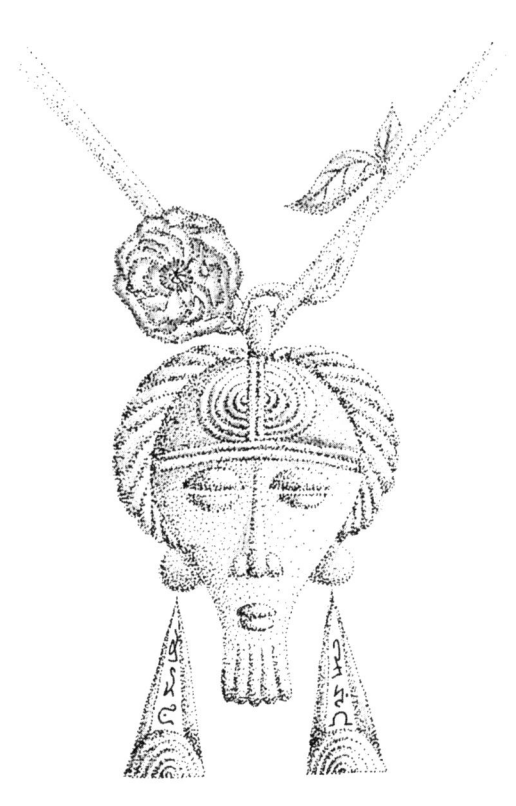

Wenn ich suche,
finde ich meist das,
was ich nicht brauche.
Erst wenn ich innehalte,
wenn ich einfach bin,
finde ich mich
und meinen Sinn.

Unsere Ideale
taugen nicht viel,
wenn sie ins Wanken geraten,
sobald Freunde
von ihnen abfallen,
mit denen wir
sie geteilt haben.

Die besten Liebesgedichte
sind die,
die aus Sprachlosigkeit
nicht geschrieben
werden können.

Wer gibt,
um zu bekommen,
macht sich zum Sklaven
seiner Berechnung.
Wer gibt,
weil Geben ihm Freude macht,
bleibt frei.

Liebende
vereinigen alle
Schönheit des Lebens
im Zauber
ihrer ineinander
versunkenen Blicke.

Gedankenanfänge

Hans Kruppa

»Da spricht einer ganz natürlich von einem uns
heute fast abhanden gekommenen Wort: von
Liebe. Er bekennt sich mutig zum Gefühl und zu
den Unwägbarkeiten, es zu leben.«
Hans Jansen, Westdeutsche Allgemeine Zeitung

Eine Auswahl:

Eine gute Zeit
Erzählungen · 216 Seiten · Ln · DM 24,–

Nur wer sich liebt
Gedichte · 96 Seiten · Ln · DM 18,–
Mit sieben Grafiken von Annette Grüschow

Mach Dir den Tag zum Freund
Ein Geschenkkalender mit zwölf Monatsbildern
von Annette Grüschow
104 Seiten · Pb · DM 9,80

Liebesgedichte
96 Seiten · Ln · DM 18,–

Ein Abend mit Dir
Roman · 200 Seiten · Pb · DM 22,–

Preisänderungen vorbehalten

Schneekluth

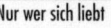